LES

TROIS DÉESSES RIVALES,

OU

LE DOUBLE JUGEMENT DE PÂRIS,

DIVERTISSEMENT, EN UN ACTE, EN VERS, MÊLÉ D'ARIETTES ET DE DANSES.

Représenté pour la premiere fois par MM. les Comédiens Italiens Ordinaires du Roi le 28 *Juillet* 1788.

Les Paroles sont de M. DE PIIS, Écuyer, Secrétaire-Interprete de Monseigneur COMTE D'ARTOIS.

La Musique est de M. DE PROPIAC.

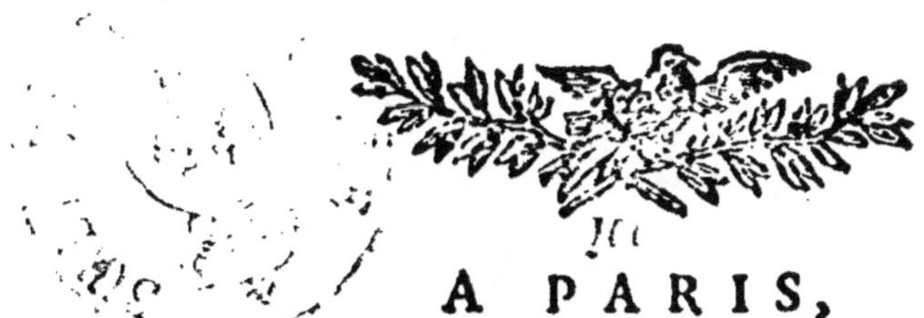

A PARIS,

Chez BRUNET, Libraire, rue de Marivaux, près le Théâtre Italien.
GATTEY, Libraire, au Palais Royal.

M. DCC. LXXXVIII.

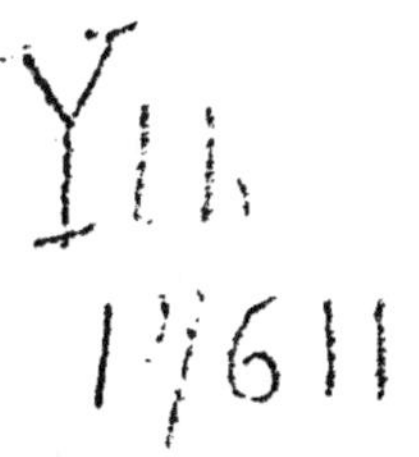

Les Ballets font de la composition de M. Frossard.

A MONSIEUR
DE PIIS,
GRAND SÉNÉCHAL DU BAZADOIS.

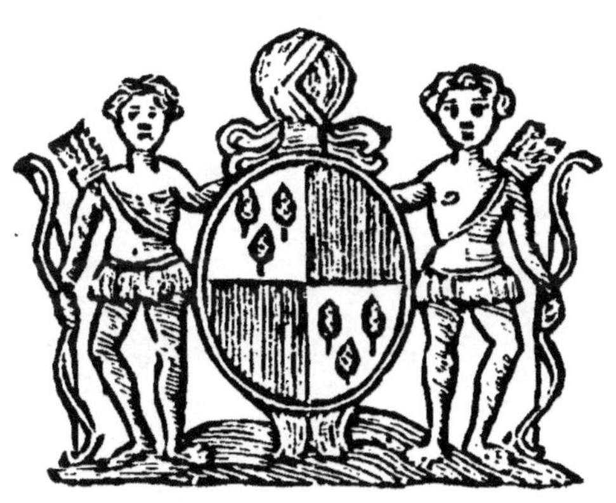

Si Pâris, dans ma Piece, ainsi que dans la Fable,
Ne couronnoit que la seule beauté,
Pâris, frivole, & tant soit peu coupable,
Ne se fût point à vos yeux présenté;
Mais au sein des plaisirs sa raison se conserve,
De sa gloire bientôt il redevient jaloux.
C'est, sur-tout, aux pieds de Minerve,
Que je le crois digne de vous;

Chériſſant, comme lui, les arts & la campagne,
Vous aviez deſiré, pour faire un heureux choix,
Attraits, vertus & naiſſance à la fois,
Et dans votre illuſtre compagne
Vous avez trouvé tous les trois.

AVIS.

AVIS.

LA Fable du Jugement de Pâris est généralement connue, mais elle n'a pas été mise au théâtre aussi souvent qu'on seroit tenté de le croire.

Pellegrin-Barbier, donna en 1728, à l'Opéra, un ballet héroïque de ce nom; je ne sais si la musique lui fit avoir quelque réussite; mais il est difficile de trouver un ouvrage plus foible de style.

En revanche, il n'y a rien d'aussi frais, d'aussi piquant & d'aussi varié que le Poëme de M. Imbert sur ce sujet. Si tous nos auteurs avoient donné, tour-à-tour, une production de ce genre agréable, la poésie légere ne seroit point tombée dans le discrédit où elle est aujourd'hui : la Littérature sombre & les Romans Anglois n'auroient point prévalu contre la gaieté nationale.

Au reste, je crois que la maniere dont j'ai conçu mes *Trois Déesses rivales* ne rentre point dans le plan des Ouvrages ci-dessus mentionnés, & n'a rien de commun, quant aux détails, avec la petite piece du Jugement de Pâris, représentée avec succès à l'Ambigu-comique. Le desir de faire valoir les talens de Mesdemoiselles Renaud, si justement appréciés par le Journal de Paris & par les petites Affiches le lendemain du début de la troisieme, m'a fait inventer ce Divertissement de circonstance. A l'exemple de Moliere dans Amphytrion, de Saint-Foix dans les Graces & dans Deucalion, & de d'Héle dans le Jugement de Midas, j'ai préféré le mélange de l'épigramme & du madrigal, à la monotonie de l'églogue : Je ne sais si j'aurai réussi; mais ce qui me console, c'est que la Mythologie n'est froide qu'aux yeux des ignorans, & que MM. les Comédiens Italiens n'ont rien épargné dans la pompe du spectacle, qui est inséparable de cet opuscule.

Je prie MM. les Directeurs des Spectacles de Province, de tenir la main à ce que les costumes soient suivis avec la plus grande rigueur, & de ne pas permettre qu'une prétention déplacée substitue le ridicule des coiffures modernes à la simplicité des tresses antiques qui n'admettent que peu de poudre, & dont un ruban transversal, en maniere de bandeau, fait le principal ornement.

PERSONNAGES.	*ACTEURS.*
MINERVE,	Mlle. Renaud *l'aînée.*
VÉNUS,	Mlle. Renaud *cadette.*
JUNON,	Mlle. *Sophie* Renaud.
IRIS,	Mlle. Lescot.
PARIS,	M. Michu.
L'AMOUR,	M. Le Febvre.
AGLAÉ,	Mlle. Melliancourt
GRACES,	Mlles. { Le Febvre, *l'aîn.* Rinaldi. }

BERGERS, BERGERES, PLAISIRS personnifiés, &c. &c. &c.

La Scene est au pied du mont Ida.

LES

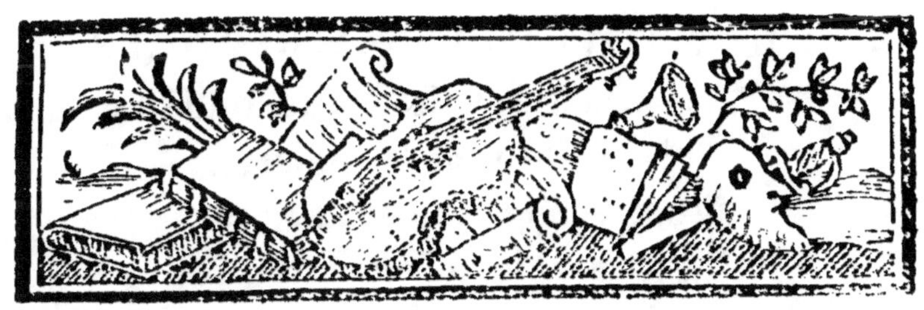

LES TROIS DÉESSES RIVALES,

OU

LE DOUBLE JUGEMENT DE PÂRIS,

DIVERTISSEMENT.

Le Théâtre représente un vallon, coupé dans le milieu par un ruisseau ombragé de saules très-verds. Le fond de la scene, à droite, est occupé par le mont Ida, & sur le devant, à gauche, on apperçoit une espece de chaumiere antique, propre à caractériser une bergerie.

La toile doit se lever aux trois quarts de l'ouverture; & tandis que les Bergers du pays exécutent différens pas, Pâris, assis d'une maniere pittoresque sur la colline la plus avancée, conduit de l'œil la rentrée de ses troupeaux.

SCENE PREMIERE.

PARIS.

IMITONS les petits oiseaux,
Quand la chaleur est sans mesure :

Cherchons la fraîcheur des ruisseaux
Et la fraîcheur de la verdure...
Voilà vingt ans que la nature
M'offre ici les mêmes tableaux;
Mais, pour une ame toujours pure,
Ces plaisirs sont toujours nouveaux.

ROMANCE.

J'ai vu près de mon asyle
Les beautés de ces cantons,
Fouler, par leur danse agile,
L'émail naissant des gazons;
Mais pour vivre plus tranquille,
J'en reviens à mes moutons. (*bis.*)

(*Il s'assied au pied d'un saule.*)

Pour soupirer une idylle,
Et fredonner des chansons,
J'ai voulu, d'un maître habile,
Prendre parfois des leçons;
Mais pour vivre plus tranquille,
J'en reviens à mes moutons. (*bis*)

(*Il se releve pour aller fermer la porte de la bergerie.*)

J'ai vu les gens de la ville,
Au mépris de mes raisons,
Me vanter leur or fragile
Et leurs superbes maisons;
Mais pour vivre plus tranquille,
J'en reviens à mes moutons. (*bis.*)

Il est bien vrai que, malgré mon systême,
Ce sexe fait pour tout charmer,

Plus d'une fois auroit su m'enflammer,
S'il n'étoit pas d'une inconstance extrême;
Mais, le moyen de ne point s'alarmer?
Malheureux par le doute, au sein du bonheur même,
L'homme le plus certain d'aimer
N'est jamais aussi sûr qu'on l'aime....

Pour les beaux arts vaincrais-je mon dégoût?
On ne sait trop comment s'y prendre;
L'homme d'esprit veut toujours vous reprendre,
Le sot vous montre au doigt par-tout;
Autant vaut-il ne rien apprendre
Que de savoir un peu de tout.
D'ailleurs, j'ai sur ce point certaine inquiétude...
Quand c'est pour s'illustrer qu'on s'adonne à l'étude,
Le corps par le travail en chemin arrêté,
Laisse aller l'esprit seul à l'immortalité.
Et ce fatal honneur ne vaut pas l'habitude
De vivre sur la terre en parfaite santé...

Dans ma condition commune,
Est-ce enfin à Plutus que je ferai ma cour?
L'ambition, comme l'amour,
Donne mainte espérance, & n'en contente aucune.
Quelque soit la faveur qu'on obtient à son tour,
Au-dessus de la sienne on en voit toujours une.
Le trésor que l'on garde à la fin importune,
Et nous laisse du sort craindre quelque retour...

Il eſt moins dur de reſter ſans fortune,
Que de pouvoir la perdre un jour.

(*L'orcheſtre indique un orage ſubit. On entend un grand coup de tonnerre. Des nuages brillans ſemblent entourer le mont Ida, & l'arc-en-ciel préſage l'arrivée d'Iris.*)

Je ne m'attendois pas à ce coup de tonnerre...
Sans le ſavoir, c'eſt à propos
Que j'ai dans leur bercail fait rentrer mes troupeaux.
Quel nuage extraordinaire
Couvre le mont Ida!... Je tremble & je jouis...
Non, jamais l'arc-en-ciel à mes yeux éblouis,
N'avoit fait, ſans qu'il plût, briller tant de lumiere...

SCENE II.

PARIS, IRIS.

IRIS, *du haut de ſon char arrêté ſur le mont Ida.*

PARIS, c'eſt de la part des Dieux...

PARIS, *un peu effrayé.*

Pâris ſera toujours leur ſerviteur fidele.

IRIS.

Pour te dire deux mots j'arrive exprès des Cieux.
(*Elle deſcend de la montagne.*)

PARIS, *à part, & entre ſes dents.*

Je n'en attends point de nouvelle;

Mais on veut m'en apprendre, & tout eſt pour le mieux;
Jamais un Dieu, jamais une immortelle
N'auroit oſé jadis paroître dans ces lieux!
Et pour eux maintenant c'eſt une bagatelle.
Madame.... le reſpect... qui vient de me ſaiſir...
M'oblige à vous parler à certaine diſtance...

IRIS.

Devrois-je t'inſpirer ſi peu de confiance?...
Iris n'annonce rien que ce qui fait plaiſir.

PARIS.

D'accord; mais par l'effet d'une juſte rancune,
Je crains l'amour des Dieux & leur protection...
Je n'avois qu'un ami, c'étoit Endymion,
Diane, en plein midi, l'emporta dans la lune.

IRIS.

N'eſt-ce donc que cela? Raſſure tes eſprits;
Quand on a comme toi ſa figure & ſon âge,
On riſque de s'y trouver pris;
Mais le ſort te réſerve un plus rare avantage.

PARIS.

Qu'eſt-ce donc?

IRIS, *regardant de côté & d'autre.*

Un moment...

PARIS.

Expliquez ce langage,
Nous ſommes ſeuls...

IRIS.

Et c'eſt l'eſſentiel;
Il ne ſeroit pas bien que le ſecret du Ciel
Devînt la chanſon du village.

CHANSON.

Thétis, par Jupiter
Dès long-tems cajolée,
Avoit promis hier
De s'unir à Pélée;
Tant du Ciel que de l'Onde,
Tous les Dieux, ce matin,
Ont fait à table ronde
La noce & le feſtin.

L'Olympe n'eut jamais
De plus brillante fête;
Le nectar étoit frais,
Comment garder ſa tête?
A pluſieurs récidives
Junon, de ſon côté,
Agaça les convives
Et but à leur ſanté.

Pour rire cette fois,
Sans garder de meſure,
Vénus, de quelque doigts,
Deſſerra ſa ceinture,

Et Pallas la diſcrette,
A ſon tour ſe ſurprit
Diſant la chanſonnette
Et faiſant de l'eſprit.

DUO.

PARIS.	IRIS.
Que l'Olympe boive & mange,	Berger, ſi je te dérange,
Eh! que m'importe à moi?	Les Dieux m'en ont fait la loi;
Certes, vous prenez le change;	La confidence eſt étrange,
Cette confidence étrange	Mais je ne prends point le change;
N'étoit point faite pour moi.	Un moment, écoute moi.

IRIS.

(Repriſe de la Chanſon.)

Cette pomme, au deſſert,
Fit naître une querelle,
Quant on eut découvert
Ces mots : *A la plus belle.*
Junon, Vénus, Minerve,
La briguant toutes trois,
Toutes trois ſans réſerve,
Ont fait valoir leurs droits.

(Repriſe du Duo.)

PARIS.	IRIS.
Que l'Olympe boive & mange,	Pour que ce débat s'arrange,
Eh! que m'importe à moi?	Les Dieux t'ont choiſi, ſur ma foi,
Ils m'ont choiſi, moi! moi! moi!	Toi, toi, toi,
Non, ſur ma foi.	Viens avec moi,

. . . . Raisonnable!	Sois donc plus raisonnable,
Ironiquement. Admirable!	Le tems est admirable,
. . . . Agréable!	Mon chat est agréable;
La course est honorable;	Nous allons dans les airs
Vous pouvez dans les airs	Planer sur l'Univers;
Planer sur l'Univers;	Les Dieux sont tous encore à table;
Moi, j'en suis incapable;	Berger, berger, dépêchons-nous.
. . . .	. . . .
Non, non, non, non, j'en suis peu jaloux.	. . . .

PARIS.

Je ne puis me résoudre à voyager dans l'air,
L'emploi me paroît beau, mais priez Jupiter
Que ce trio sacré, de l'Olympe transfuge,
Ici bas, sans façon, vienne trouver son juge;
Ce sera pour Pâris, de leurs bontés confus,
De la peine de moins, & de l'honneur de plus.

(*On entend un coup de tonnerre extrêmement fort.*)

IRIS.

Sais-tu pourquoi la foudre a roulé?

PARIS.

Non, sans doute.

IRIS.

C'est pour te faire entendre...

PARIS.

Ah! j'en suis presque sourd.

IRIS.

Et pour te faire voir...

PARIS.

Mais je n'y vois plus goutte.

IRIS.

Qu'à remplirt es ſouhaitsl 'Olympe entier concourt;
Junon deſcend de la céleſte voûte,
Quoiqu'en trouvant ton propos très-hardi...
Crainte de diſputer en route,
Minerve part du nord, & Vénus du midi.

PARIS.

Qui m'abordera la premiere?
Belle Iris, ne me trompez pas.

IRIS.

Celle qui voit les fleurs éclore ſur ſes pas,
La Mere des Amours, la Reine de Cythere...

PARIS, *vivement.*

Et Minerve, ſans doute, à propos ſurviendra?..

IRIS.

Non, Junon la précédera...
La Sageſſe, à pas lents, vient toujours la derniere.

PARIS.

Je vous ſuis obligé de ces renſeignemens.

IRIS.

Que ne puis-je à mon gré t'en donner davantage?
Prends la pomme fatale, & dans quelques momens,
Tâche d'en faire un bon uſage.

(*Elle remonte dans ſon char.*)

PARIS, *au bas du mont Ida.*

Elle eſt maſſive, & vaut ſeule un tréſor.
St, ſt, Iris, daignez me dire encor
Pourquoi l'on s'eſt permis ce luxe, que je blâme.

IRIS.

La Diſcorde lançoit une triple épigramme
Lorſqu'elle fit la pomme en or...

(*Avec plus de confidence.*)

Si Vénus eſt par fois rebelle à la tendreſſe,
Ce n'eſt qu'avec de l'or que l'on peut la fléchir.
D'enſeigner ſes talens Minerve à tort s'empreſſe,
Ce n'eſt qu'au poids de l'or qu'on peut les acquérir;
Et quand on viſe à la richeſſe,
Ce n'eſt qu'en ſemant l'or qu'on peut en recueillir,

(*Le nuage ſe referme, & le char d'Iris diſparoît avec elle.*)

SCENE III.

PARIS, *seul.*

DEMANDEZ-MOI par quel caprice
Les Dieux vont me choisir pour leur rendre justice!
Au reste, obéissons; les Dieux sont avertis
Que, si je juge mal, je juge au moins gratis.

(*On entend dans les airs une musique mélodieuse.*)

Quels sons mélodieux ont frappé mon oreille!...
Le lever de l'aurore, au retour du printems,
N'embaume point les airs du parfum que je sens.
Je n'éprouvai jamais une douceur pareille.

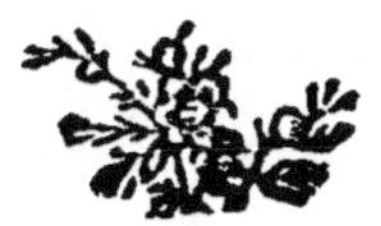

SCENE IV.

PARIS, VÉNUS, *descendant de son char avec l'Amour, les Graces & les Plaisirs, qui se tiennent à l'écart pendant la moitié de la Scene.*

VÉNUS.

AMOUR, à quelque pas demeure autour de nous...
(*A Pâris.*)
Quelle surprise est donc la vôtre?
Vous sentez bien que *Vénus* plus qu'une autre,
Doit être exacte au rendez-vous.

PARIS.

Ah! que le son de sa voix ingénue
Imprime à son langage un charme séducteur!
En mettant la main sur mon cœur,
Sans entendre son nom, je l'aurois reconnue.

ROMANCE.

VÉNUS.

Sur les Mortels & sur les Dieux
Qui peut ignorer mon empire?
C'est en tout tems, c'est en tous lieux
Que, grace à moi, l'Amour respire.

Mes droits sont écrits dans mes yeux,
Mon pouvoir est dans mon sourire.
Charmant Pâris n'hésitez plus,
A ma demande il faut souscrire.
Je suis Vénus, je suis Vénus,
N'est-ce pas tout vous dire?

PARIS.

Quel transport je sens!
Ses doux accens
Troublent mes sens;
Malgré moi je soupire.

VÉNUS.

Junon, du haut de sa fierté,
Veut qu'on la craigne & qu'on l'admire;
Minerve a trop de cruauté
Quand la gloire au combat l'attire;
Junon prend un air affecté,
Minerve veut toujours instruire:
Charmant Pâris, à leurs dépens
Il ne tiendroit qu'à nous de rire,
Mais des absens, mais des absens,
On ne doit pas médire.

PARIS.

Quel transport je sens!
Ses doux accens
Troublent mes sens;
Malgré moi je soupire.

VÉNUS.

C'eſt à la ſenſibilité
Que nuit & jour mon cœur aſpire;
On n'a point vu de Déité
Plus humainement ſe conduire.
Je préfere auſſi, par bonté,
L'art de plaire à l'art de détruire...
Charmant Pâris, n'héſitez plus,
A ma demande il faut ſouſcrire...

VÉNUS.	PARIS.
Je ſuis Vénus,	Quel tranſport je ſens!
Je ſuis Vénus,	Ses doux accens
N'eſt-ce pas tout vous dire?	Troublent mes ſens;
N'eſt ce pas tout vous dire?	Malgré moi je ſoupire.

VÉNUS, *à Pâris, qui regarde vers le Ciel.*

Qui peut donc vous cauſer cette diſtraction?

PARIS.

Mais je ne conçois pas Minerve ni Junon;
Venant du même endroit, pourquoi ſe faire attendre?

VÉNUS, *tendrement.*

De chérir leur délai je ne puis me défendre:
Un Juge, en tête à tête, eſt bien moins ſérieux...
Et la ſolliciteuſe en perſuade mieux.

PARIS, *avec fermeté.*

Je ſuis incorruptible...

VÉNUS, *avec infiniment d'art, & en cherchant à lire dans les yeux de Pâris.*

Et voilà ce que j'aime...
Hélas! dans notre Olympe il n'en est pas de même;
S'il eût fallu là-haut juger entre nous trois,
Mars eût été le seul qui m'eût donné sa voix;
Et tous les autres Dieux, vendus à mes rivales,
M'auroient ravi la pomme à force de cabales;
Mais le destin, plus juste, a su tout arranger,
C'est par-devant un homme, un sensible berger,
Qu'il renvoie en ce jour une aussi belle cause.
Je ne lui promets pas ici la moindre chose...
Il est si délicat qu'on craint de l'outrager;
Mais, malgré sa réserve... à me désobliger,
(S'il a lu dans mes yeux), je doute qu'il s'expose.

PARIS.

Que sa douceur ajoute au charmes de ses traits!
Grands Dieux, vous qui savez combien elle a d'attraits!
Si vous voulez qu'ici ma raison se conserve,
Envoyez au plutôt & Junon & Minerve...
Madame, pardonnez, mais je fais mon devoir,
J'aurois dû les entendre... avant que de vous voir.

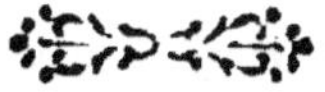

SCENE V.

PARIS, VÉNUS, JUNON.

JUNON, *dans la coulisse.*

En vérité, je n'y peux rien comprendre.
Où donc est ce Pâris qui doit me recevoir?
Serois-je faite pour l'attendre?
Non, puisqu'en fait d'égards il n'a rien su prévoir,
Il n'aura pas l'honneur de m'aider à descendre.

PARIS.

Quel amour-propre & quel dédain!
A ses regards j'ose à peine paroître...

VÉNUS, *ironiquement.*

Volez donc galamment lui présenter la main.

JUNON.

Passant, enseigne-moi, dans cet endroit champêtre...

PARIS.

C'est moi qui suis Pâris...

JUNON.

Cela ne peu pas être.

VÉNUS, *se montrant.*

Je vous assure, moi, que rien n'est plus certain.

JUNON.

Voilà donc ma rivale, & voilà donc mon juge!
Vénus, ne cherchez point ici de subterfuge;
En dévançant Junon dans ce séjour,
Vous n'aurez pas manqué de faire votre cour;
Mais pour reprendre ici ma place,
Je n'aurai pas besoin de faire un grand effort:
La rose a de l'éclat, & peut plaire d'abord,
Mais l'astre du jour brille, & la rose s'efface.

ARIETTE.

Berger, sais-tu que mon époux
Est dans les Cieux le maître du Tonnerre?
J'ai bien voulu descendre sur la terre;
Tremble à ton tour d'éveiller mon courroux,
Et pour m'offrir cette pomme si chere,
Fixe mon front, & tombe à mes genoux.

Comme Vénus, garde-toi bien de croire
Que je m'abaisse à te solliciter...
Au vif éclat qui jaillit de ma gloire,
Il n'est rien qui puisse ajouter...
A tes regards ici me présenter,
C'est, à coup sûr, emporter la victoire.

Berger, sais-tu que mon époux, &c.

Comment donc ! je crois qu'il balance ?
Ce Pâtre irrésolu veut me pousser à bout.

PARIS, *à part.*

Son maintien, son air noble & sa magnificence
Seroient peut-être de mon goût,
Si l'excès de sa suffisance
Ne faisoit pas oublier tout...

(*A Junon.*)

Daignez prendre, Madame, un peu de patience;
Nous attendons Minerve...

VÉNUS.

Et Vénus s'y résout.

JUNON, *à Pâris.*

Je ne me plaindrois pas sans ton inconséquence.
Est-ce au milieu d'un pré que l'on donne audience ?
Et de quel droit fais-tu tenir debout
Une femme de ma naissance ?

PARIS.

Je ne peux vous offrir qu'un tapis de gazon.

VÉNUS.

Je m'asseoirai fort bien sur la simple fougere.

PARIS, *s'asseyant sur l'herbe.*

Si Vénus y consent...

JUNON.

Quelle comparaiſon?
La fougere à Vénus n'eſt rien moins qu'étrangere;
Mais moi, je hais les champs...

VÉNUS.

Quelle eſt votre raiſon?

JUNON.

Je ſuis Reine, Madame...

VÉNUS, *à Pâris, en ſe mettant près de lui.*

Et moi je ſuis Bergere.

JUNON, *à part, & ſeule debout.*

Quand Vénus a pour lui des ſoins ſi complaiſans,
Avec cet homme-là ma fierté ſeroit vaine :
Il faut, pour le ſéduire, employer les préſens...
(*A Pâris*)
Ce vallon eſt borné...

PARIS, *s'interrompant avec humeur dans ce qu'il diſoit tout bas à Vénus.*

Mes moutons ſont contens.

JUNON.

Ta maiſon eſt petite...

PARIS.

Oh! pourvu que j'y tienne.

JUNON, *à part.*

Ces Bergers sont cruels pour ne rien desirer!

(A Paris.

Mais c'est égal, je veux, sans différer,
Te donner de mon zele une preuve certaine:
Et ce ruisseau...

PARIS.

Suffit pour me désaltérer.

JUNON.

Pour peu que cela te convienne,
Il roulera de l'or...

VÉNUS.

C'est le dénaturer:
Des Jeux & des Plaisirs que ce soit la fontaine.

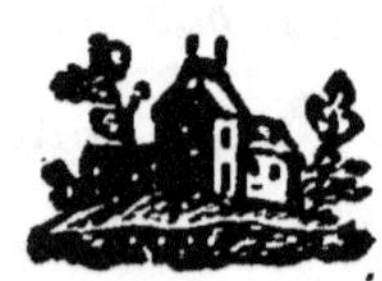

SCENE VI.

LES PRÉCÉDENS, MINERVE, *le casque en tête & la lance à la main.*

MINERVE.

Qu'il parle, & ce sera la source d'Hypocrène.

(*Pâris & Vénus se levent.*)

VÉNUS, *à Pâris.*

C'est Minerve...

PARIS.

Allons donc, c'est elle que voilà?
Je ne vois pas trop son visage...

JUNON, *ironiquement.*

Le mérite se cache,

VÉNUS, *ironiquement.*

Et l'on gagne à cela.

PARIS.

Qui vous reconnoîtroit à ce simple équipage ?

MINERVE.

C'est la simplicité que l'on cherche en voyage.

PARIS.

Sans doute votre char est demeuré par-là?

MINERVE.

Ne prenez donc point garde à cette bagatelle...
J'ai fait, comme j'ai pu, cette route éternelle...
L'exemple en est sur terre assez multiplié.
Les chars brillans sont faits pour le riche & la belle,
L'artiste & le soldat ne vont jamais qu'à pié.

PARIS.

Si la pomme vous intéresse,
Ou quittez votre casque, ou daignez l'entr'ouvrir.

MINERVE.

Ne craignez pas que la sagesse,
Les armes à la main, vienne la conquérir.

ARIETTE.

Quand on lance à son gré les foudres de la guerre,
Et qu'on tient dans ses mains le destin des Etats,
On peut séduire un mortel ordinaire,
Et l'enchaîner, s'il le faut, sur ses pas;
Mais que Pàris soit sans alarmes,
Je quitte, en le voyant, mon casque & mon pouvoir,
Et s'il fait triompher mes charmes,
C'est à son cœur que je veux le devoir.

(*Elle dépose son armure au bord du ruisseau.*)

Ne voyez en moi que Minerve,
Oubliez que je suis Pallas :
C'est au nom des beaux arts que je vous tends les bras;
C'est le prix des vertus qu'un jour je vous réserve.
Si vous cédez à mes nobles transports,
La peinture, la poésie,
Vous prodigueront leurs trésors,
De la douce mélodie,
De la divine harmonie,
Je vous enseignerai les sublimes accords.

Quand on lance à son gré, &c.

VÉNUS, *à Pâris, avec dérision.*

Vraiment, je vous conseille, entre nous, d'écout
Tout ce qu'il lui plaira de venir vous chanter...
Vous resteriez bien là pendant une semaine...

PARIS.

Le doute étoit déja dans mon ame incertaine,
Minerve en paroissant n'a fait que l'augmenter.

MINERVE, *prenant Pâris par la main.*

Junon vous parle de sa gloire,
Et Vénus vous dit des douceurs.
Je vous promets bien plus, sans vous en faire accroire ;
Je vous raconterai ce qu'ont fait les neuf Sœurs,
Je vous raconterai les beaux traits de l'histoire.

VÉNUS, *riant à gorge déployée.*

Ah! ah! ah! ah! ah! ah!

MINERVE.

Quel rire immodéré...

VÉNUS.

Pâris, vous n'avez qu'à la croire...
Je vous raconterai, je vous raconterai!
On diroit que la pomme eſt un prix de mémoire...

JUNON, *à part.*

Voilà Pâris encor déconcerté!
Je n'ai que du pouvoir, Vénus a de l'adreſſe.

MINERVE.

C'eſt ainſi qu'un bon mot à tout haſard jeté,
Souvent en ridicule a tourné la Sageſſe.

PARIS.

Pour vous apprécier comme il faut toutes trois,
Je voudrois vous entendre & vous voir à la fois.
Les Dieux depuis long-tems attendent ma réponſe;
Mais comment veulent-ils qu'entre vous je prononce?
Je le donne au plus fin... Pour faire un choix heureux,
Attendons que mon cœur s'accorde avec mes yeux.

QUATUOR.

JUNON.

Ecoute la vanité!

MINERVE.

Ecoute la probité!

VÉNUS.

Ecoute la volupté!

PARIS.

Ah! que je suis agité!

JUNON.

Regarde ma dignité!

MINERVE.

Songe à ma célébrité!

VÉNUS.

Ne pense qu'à ma beauté!

PARIS.

Ah! que je suis agité...
C'est vraiment un martyre,
A peine je respire...

JUNON.

Je veux te rendre opulent.

MINERVE.

Je veux te rendre savant.

VÉNUS.

Moi, moi, je te rendrai content.

PARIS.

Quoi! sincérement,
Me rendre opulent,
Ou bien savant,
Ou bien content!
Ah! je conçois vos droits;
On n'est pas, je le vois,
Tous les trois,
A la fois.

JUNON, VÉNUS, MINERVE.

Oui, tu conçois
Nos droits;
On n'est pas, je le crois,
Tous les trois
A la fois.

VÉNUS.

Allons, mon beau berger,
Décide-toi bien vîte;
Il est tems d'y songer:
Décide toi bien vîte:
Allons mon beau berger,
Il est tems d'y songer.

Junon, qui se dépite,
Seme l'or sur ses pas;

Et moi, pour tout mérite,
Je n'ai que mes appas.

Allons, mon beau berger, &c.

Minerve en est réduite
A se faire estimer,
Moi, qui suis plus petite,
Je sais me faire aimer.

Allons, mon beau berger.

RÉCITATIF.

PARIS.

Oh! c'est trop différer... je cede au mouvement
Que m'inspire auprès d'elle un tendre sentiment...
La richesse & l'orgueil n'auront point mon suffrage;

(*A Minerve, avec douceur, & en remettant la pomme à Vénus.*)

Elle est pour la plus belle... & non pour la plus sage.

JUNON.

Rien n'égale ma rage...
C'est le comble de l'outrage...

MINERVE.

Dans quelque tems, je gage,
J'obtiendrai son suffrage.

PARIS.

Elle est pour la plus belle, & non pour la plus sage.

VÉNUS.

Accourez Jeux & Plaisirs,
C'est moi que Pâris nomme;
Accourez Jeux & Plaisirs,
Et jusqu'à mon retour enchantez ses loisirs.
Je vais montrer la pomme
A l'Olympe égayé,
Et je viendrai voir comme
Pâris veut être payé!

CHŒUR.

Elle va montrer la pomme
A l'Olympe égayé,
Et reviendra voir comme
Pâris veut être payé.

AGLAÉ, *à Paris.*

Aux plaisirs du bel âge
Livrez-vous en ce jour!
Minerve est trop sauvage,
Et Junon, je le gage,
Vous joûroit quelque tour:
Suivez, sous cet ombrage,
Les Grâces & l'Amour.

CHŒUR & PARIS.

Aux plaisirs du bel âge, &c,

(*On danse cet air en emmenant Pâris.*)

SCENE VII.

MINERVE & JUNON.

JUNON.

Et c'est Vénus qui l'emporte sur nous!
Et le tonnerre dort aux pieds de mon époux!
Que je suis malheureuse!

MINERVE.

Autant que vous, Madame,
Je devrois en avoir du déplaisir dans l'ame.
Mais je ris franchement de voir que vous grondez:
Assurément mes droits n'étoient pas mal fondés.

JUNON.

Moi qui menai toujours une vie exemplaire!

MINERVE.

La chronique du Ciel dit pourtant le contraire;
Et Momus m'a conté qu'un certain Ixion...

JUNON, *l'interrompant avec vivacité.*

Avec votre permission,
Momus en a menti: constante par système,
Je me donne (après vous) pour la sagesse même.
Ixion, rappellant les torts de Jupiter,

M'a tenu, j'en conviens, quelques discours en l'air;
Mais soudain repoussant son indiscret hommage,
Pour l'en punir, entre ses bras,
Je n'ai laissé que mon image.

MINERVE.

Tout ce qu'il vous plaira, mais je ne voudrois pas
Avoir sur ma conduite un semblable nuage...

JUNON.

Ciel! c'est Pâris qui revient de là-bas:
Comme l'ennui se peint sur son visage!

MINERVE.

L'Amour, avec des fleurs, veut enchaîner ses pas;
Mais il gronde l'Amour, & c'est d'un bon présage.

JUNON.

Laissons passer cette troupe volage;
Et cachons-nous derriere ces lilas.

MINERVE.

Ah! que ne puis-je encor le tirer d'embarras!

JUNON.

Moi, je voudrois l'y plonger davantage.

MINERVE.

Vous êtes bien sévere...

JUNON.

Oh! moi, c'eſt mon uſage:

MINERVE.

Dédaignez la fortune, elle ne revient pas...
Il eſt toujours tems d'être ſage.

SCENE VIII.

PARIS, L'AMOUR, AGLAÉ, LES GRACES ET LES PLAISIRS.

(La troupe des Plaiſirs entoure Paris de guirlandes. Il a l'air penſif, & repouſſe les agaceries de l'Amour.)

PARIS.

JE n'entends rien du tout à ce charmant langage...

AGLAÉ.

Dans le char de Vénus ce ſoir même emporté,
De l'iſle de Paphos tu feras le voyage.
Là, toujours plus galant & toujours écouté,
A peine auras-tu fait ſourire une beauté,
Que d'une autre beauté tu brigueras l'hommage;
De ce bonheur qui naît de la diverſité,
Les Graces & les Ris vont t'offrir une image;
Je ne te préviens point ſur la réalité.

(Les Grâces & les ris exécutent un ballet pantomime, où l'on voit un Amour obtenir successivement un grand nombre de roses, qu'il paye toutes d'un baiser, & se faire ensuite une seule couronne de toutes ces roses réunies. (1) Il faut avoir grand soin que les airs de ce ballet soient d'un choix voluptueux, & se terminent par celui de la romance qui va suivre.)

PARIS.

Oh! Vénus! oh Vénus! puisque l'univers t'aime,
Il me faut bien prendre part à tes jeux,
Mais s'ils sont seuls le bien suprême,
Garde-moi du malheur d'être toujours heureux.

AGLAÉ, *reprenant l'air de la danse.*

AIR.

Vénus, à son retour,
Comblera votre envie;
Avec nous à sa cour
Vous passerez la vie.
Quand nos jeux sont si doux,
Dans vos plaintes extrêmes,
Pourquoi murmurez-vous
De ce qu'ils sont les mêmes?

Par un tendre desir
Il faut bien qu'on commence,
L'instant qu'il faut saisir
Naît de la résistance.

(1) Cette note est pour la Province, où MM. les Maîtres de Ballets substituent souvent des airs de leur choix à ceux de l'Auteur.

A l'éclair du plaisir
Succede l'inconstance,
Qui ramene au desir.
Il n'est point de loisir
Qu'avec l'indifférence.

AGLAÉ.	PARIS.
Vénus à son retour	. . . .
Comblera votre envie;	. . . .
Avec nous à sa cour	Quoi! toujours à sa cour
Vous passerez la vie.	Je passerois ma vie?
Quand nos jeux sont si doux,	. . . .
Dans vos plaintes extrêmes,	. . . .
Pourquoi murmurez-vous	. . . .
De ce qu'ils sont les mêmes?	Ils sont toujours les mêmes.

PARIS, *brisant la guirlande dont il étoit entouré.*

Il sied bien à l'Amour de nous donner des chaînes,
Lui qui peut après s'envoler!

AGLAÉ.

D'avoir ainsi perdu mes peines
Rien ne pourra me consoler;
Lorsque Vénus va voir ses espérances vaines;
Je sais bien sur quel ton elle va me parler.

PARIS, *à l'Amour.*

Que me veut-il? pourquoi suit-il mes traces?

L'AMOUR.

Oh! tu me le paîras...

PARIS.

Crois-tu donc, à ton tour,
M'intimider par des menaces?
Celui qui d'un œil sec a vu pleurer les Graces,
Rira facilement du courroux de l'Amour.

L'AMOUR.

Crois-tu donc, pour me fuir, en être plutôt quitte?
J'en ai vaincu de plus puissans que toi.

PARIS, *avec dédain.*

Ils te cédoient la place...

L'AMOUR.

Ils cédoient à ma loi.

PARIS.

Mais tu n'es qu'un enfant...

L'AMOUR.

J'en ai plus de mérite.

PARIS.

Avise-toi de me lancer,
Comme c'est ta coutume, un trait sûr de percer.

L'AMOUR.

J'en ai dans mon carquois un que je te réserve;
Défends-toi si tu peux, ou je vais te blesser.

PARIS, *parant le trait avec le bouclier de Minerve, qui se trouve sous sa main, parce qu'il s'est approché du ruisseau.*

L'Amour n'a point de trait qu'on ne puisse émousser
Sur le bouclier de Minerve.

L'AMOUR, *tapant des pieds.*

Elle avoit bien affaire aussi de le laisser...
O ma mere, à mes cris daignez ici vous rendre;
C'est moi, c'est vous que l'on vient d'offenser.

SCENE IX.

LES PRÉCÉDENS, VÉNUS.

VÉNUS.

PARIS, j'étois loin de m'attendre
Que mon fils pût te courroucer.

PARIS.

Sa mere, en sa faveur, a beau s'intéresser;
Tant qu'il m'attaquera, je saurai me défendre.

VÉNUS.

Mon fils n'a jamais tort...

PARIS.

Ciel, que viens-je d'entendre!
Que n'ai-je encor la pomme?

VÉNUS, *lui remettant la pomme.*

Oh ! vraiment la voilà,
Je ne tiens point du tout à ces miseres-là ;
Ma gloire est satisfaite, & je suis sans colere.

L'AMOUR.

Vous avez bien raison, ma mere ;
En la rendant ainsi, ce n'est pas la quitter,
Et c'est toujours l'avoir que de la mériter.

VÉNUS.

Adieu, Pâris...

PARIS, *froidement.*

Adieu....

VÉNUS, *à part.*

Mais, que va-t-il en faire ?
Mon fils, derriere un saule il faudra le guetter.

L'AMOUR.

Il a tourné la tête, il va se consulter...

VÉNUS.

Quiconque suit de l'œil celle qui lui fut chere,
N'est pas loin de la regretter.

(*Elle se cache avec l'Amour entre les branches d'un saule écarté. Minerve & Junon se grouppent sur le mont Ida.*)

SCENE X.

PARIS, *seul.*

ARIETTE.

Je la tiens, je la tiens encor,
Je la tiens cette pomme d'or,
Objet des vœux des trois Déesses :
Non, ce n'est plus par des promesses,
Non, ce n'est plus par des caresses
Qu'on m'arrachera ce trésor.
Vénus est si jolie,
Mais c'est une folie
De chagriner Junon.
Junon, par sa puissance,
Par sa magnificence,
Aura la préférence :
La préférence ?... Oh ! non...

Je la tiens, je la tiens encor, &c.

Minerve est si savante,
Et Minerve se vante
De me faire un beau nom.
Minerve ! à ta science,
A ton expérience
Je dois la préférence :
La préférence ?... Oh ! non...

Je la tiens, je la tiens encor, &c.

Vénus est si jolie,
Mais c'est une folie
De ne pas s'arranger :
Je saurai bien m'y prendre ;
Puisse le Ciel m'entendre !
En trois, sans plus attendre,
Je vais la partager.

SCENE XI & derniere.

PARIS, IRIS, *portant trois couronnes sous son manteau*, JUNON, VÉNUS, MINERVE, &c. &c., *s'approchant avec curiosité.*

(*L'Arc-en-Ciel reparoît comme à la seconde Scène, les Graces, les Jeux entourent Vénus.*)

IRIS, *prenant la pomme entre les mains de Pâris.*

ARRÊTE... & remets-moi cette pomme funeste,
Dont le partage, en vain, par toi seroit tenté.
Ton premier jugement, un peu précipité,
Avoit indisposé le comité céleste;
Mais le second, pour base, a la pure équité;
Vénus, Junon, Minerve, y souscrivent de reste,
Et l'Olympe en est enchanté...

On diroit de trois sœurs aussi belles que bonnes;
Il faut récompenser avec égalité,
Celles qu'un même but met en rivalité.
Pâris, tu dois m'entendre, & voici trois couronnes;
De celle où brille l'or avec le diamant,
En faveur de Junon je veux que tu disposes.
A celle de laurier c'est Pallas qui prétend.
Vénus de droit, aura celle de roses...
A la Discorde, avant la fin du jour,
Je rendrai, sans regret, cette pomme importune.
Et toi, Pâris, suis la marche commune:
Les moutons, j'en conviens, peuvent avoir leur tour;
Mais l'homme, en s'occupant du soin de sa fortune,
Doit son esprit aux Arts, & son cœur à l'Amour.

CHŒUR ET VAUDEVILLE.

IRIS.

Ah! divisez votre suffrage,
Pâris, Pâris, un nouveau choix
Auroit passé pour un outrage:
Qu'elles partagent toutes trois
L'encens, l'encens de votre hommage.

IRIS & LES GRACES.	PARIS.
Ah! divisez votre suffrage, &c.	Ah! divisons notre suffrage, &c.

PARIS.

Je voudrois pouvoir à la fois
Leur payer ce tribut sincere.

Pour les couronner toutes trois,
Un peu d'aide m'est nécessaire...
Aux trois Graces qu'ici je vois
Cet emploi ne sauroit déplaire...

(*Aux Graces.*)

Il faut, à vous trois, pour bien faire,
Que vous vous chargiez de l'affaire;
L'Olympe y donnera sa voix. } *bis, en chœur.*

(*Les Graces couronnent les trois Déesses.*)

CHŒUR.

Ah! divisez votre suffrage, &c.

JUNON.

Moi, j'aurai soin qu'un Roi fameux (1)
Se trouve incessamment son pere.

MINERVE.

Je veux qu'il lise dans les Cieux
Comme un astronome peut faire.

VÉNUS.

Et moi, qu'il lise dans les yeux
D'une jeune & tendre bergere.

IRIS, *à Pâris.*

Dans les Cours, au Pinde, à Cithere,
Vous voilà bientôt sûr de plaire;
Est il un mortel plus heureux?

---

(1) Priam.

CHŒUR.

Dans les Cours, au Pinde, à Cithere,
Le voilà bientôt sûr de plaire;
Est-il un mortel plus heureux ?

VÉNUS, *au public.*

C'est avec crainte qu'un auteur
Rajeunit un sujet vulgaire;
Et qu'un nouveau compositeur
Risque une musique légere;
C'est en tremblant qu'un jeune acteur
Prête à son rôle un caractere:
Il faut, entre eux trois, pour bien faire, } *bis,*
Que le seul desir de vous plaire } *avec le*
Etablisse un débat flatteur. } *chœur.*

CHŒUR, *au public.*

Ah! divisez votre suffrage,
L'indulgence qui fait un choix,
Manque son but & décourage;
Ah! qu'ils partagent tous les trois
Le prix, le prix de cet ouvrage.

FIN.

Lu & approuvé pour la représentation & l'impression. Le 19 Juin 1788. SUARD.

Vu l'approbation, permis de représenter & d'imprimer. A Paris, le 21 Juin 1788. DE CROSNE.

De l'Imprimerie de la veuve VALADE, rue des Noyers, 1788.

PIECES NOUVELLES,

Jouées à la Comédie Italienne.

L'ABBÉ de Plâtre, Comédie de M. Carmontel, 1 l. 4

De M. Marmontel.

Silvain, Comédie, 1 l. 4
Le Huron, Comédie, 1 l. 10
Lucile, Comédie, 1 l. 4
Théâtre de M. Sedaine, 4 vol. *in*-8°, broché, 16 l.
L'on vend séparément toutes les Pieces du même Auteur.

De M. Monvel.

Blaise & Babet, Comédie, 1 l. 10
Alexis & Justine, Comédie, 1 l. 10

De MM. de Piis, Després & Resnier.

La bonne Femme, 1 l. 4
L'Opéra de Province, 1 l. 4

De MM. de Piis & Barré.

Cassandre Oculiste, 1 l. 4
Aristote Amoureux, 1 l. 4
Les Vendangeurs, 1 l. 4
Les Amours d'Eté, 1 l. 4
La Veillée Villageoise, 1 l. 4
Le Printems, 1 l. 4
Cassandre Astrologue, 1 l. 4
Etrennes de Mercure, 1 l. 4
Le Gâteau à deux féves, 1 l. 4
L'oiseau perdu, 1 l. 4
Le Mariage *in extremis*, 1 l. 4
Les Voyages de Rosine, 1 l. 4

De M. Desfontaines.

L'Amant Statue, 1 l. 4
Isabelle Hussard, 1 l. 4
L'amour & la Folie, 1 l. 4

Le Droit du Seigneur,	1 l. 10
Le Réveil de Thalie,	1 l. 4
Les Amours de Chérubin,	1 l. 10
Les trois Inconnues,	1 l. 4
La Dot,	1 l. 10

De M. Parisau.

La veuve de Cancale, Parodie,	1 l. 4
Richard, Parodie,	1 l. 4
La Soirée d'Eté,	1 l. 4
Sophie de Brabant, Pantomine,	12
Les deux Amis,	12
Le Roi Lu, Parodie,	1 l. 4
Mercure & les Ombres,	1 l. 4

De M. de Florian.

Les deux Billets, Comédie,	1 l. 4
Janot & Colin,	1 l. 4
Blanche & Vermeille,	1 l. 4
Le Baiser,	1 l. 4
Les Jumeaux de Bergame,	1 l. 4
Le bon Ménage,	1 l. 4
La bonne Mere,	1 l. 4

Œuvres diverses de M. de Piis.

L'Harmonie imitative de la langue Françoise,	1 l. 16
Les Œufs de Pâques,	1 l. 16
Chansons avec gravures,	6 l.
Contes & Poésies fugitives,	3 l.
Les Solitaires de Normandie,	1 l. 4

On trouve aussi, chez le même Libraire, un assortiment de toutes les Pieces jouées sur les différens Théatres de Paris.

Il tient la Librairie ancienne & nouvelle.

www.ingramcontent.com/pod-product-compliance
Lightning Source LLC
LaVergne TN
LVHW020627110826
845149LV00004B/1067

* 9 7 8 2 0 1 9 2 1 1 6 4 6 *